"十三五"职业教育新能源汽车专业"互联网+"创新教材

电动汽车总装技术工作页

主　编　景平利　李倩龙　刘振博

副主编　赵　健　陈　猛　高　磊

参　编　林　闯　张　薇　郑华磊

主　审　罗灯远

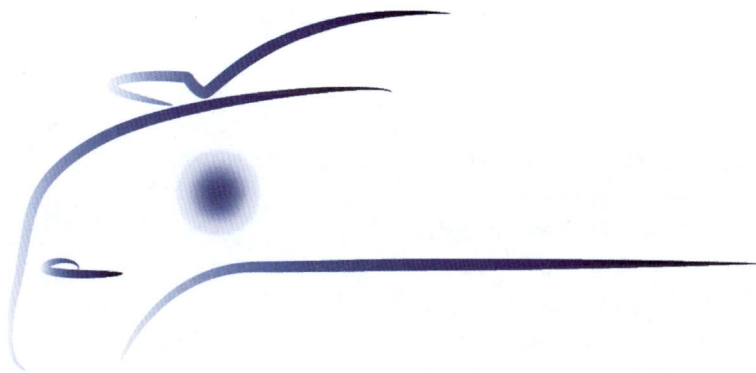

机械工业出版社

为了满足新时期职业教育人才培养的需要，以及适应科学技术发展的新趋势和新特点，我们组织教师和企业专家成立了课程研发小组，以"互联网+汽车专业"的创新模式，编写了本套"十三五"职业教育新能源汽车专业"互联网+"创新教材，包括《走进新能源汽车》《电动汽车检查与维护》《电动汽车结构原理与检修》《电动汽车总装技术》以及相应工作页。

本书为与《电动汽车总装技术》配套的工作页，本书共分为5个学习情境，17个学习任务，重点介绍了电动汽车及总装技术认知、电动汽车总装车间及运行规范、电动汽车装配基本技能学习、电动汽车装配工艺过程介绍和电动汽车装配检测介绍。内容包含各个学习任务的复习回顾、任务描述、任务分析、任务实施、任务交付、反思评价，可使学生更加牢固地掌握所学知识。

本书可作为职业院校新能源汽车、汽车运用与维修等相关专业的教学用书，也可以作为汽车企业的培训资料，还可以作为新能源汽车的科普读物。

图书在版编目（CIP）数据

电动汽车总装技术工作页/景平利，李倩龙，刘振博主编．—北京：机械工业出版社，2017.1（2021.1重印）

"十三五"职业教育新能源汽车专业"互联网+"创新教材

ISBN 978-7-111-55778-4

Ⅰ.①电…　Ⅱ.①景…②李…③刘…　Ⅲ.①电动汽车 – 装配（机械）– 职业教育 – 教学参考资料　Ⅳ.①U469.72

中国版本图书馆 CIP 数据核字（2016）第 314092 号

机械工业出版社（北京市百万庄大街22号　邮政编码100037）
策划编辑：曹新宇　责任编辑：于志伟
责任校对：佟瑞鑫　封面设计：马精明
责任印制：李　昂
北京铭成印刷有限公司印刷
2021 年 1 月第 1 版第 3 次印刷
210mm×285mm·5.5 印张·148 千字
3901—4900册
标准书号：ISBN 978-7-111-55778-4
定价：26.00元

前言

随着我国的汽车产销量逐年猛增，引发的汽车与能源、汽车与交通、汽车与环保、汽车与城市化等问题已日益突出，发展新能源汽车已刻不容缓。我国自从新世纪初的"十五""863"计划电动汽车重大专项主要政策开始，到2009年《新能源汽车生产企业及产品准入管理规则》的出台，新能源汽车越来越受到国家、企业的重点关注；同时，发展新能源汽车还承载着我国弯道超车的梦想，因此研发高效能、高环保的新能源汽车已成为我国汽车工业发展的重要主题。

目前，我国自主品牌的新能源汽车在全球市场高歌猛进，很多自主品牌，如北汽新能源、比亚迪等已经在新能源汽车市场取得很优秀的成绩。尤其是近年来在政府的支持下，个人购买电动汽车的数量急剧增加，新能源汽车行业前、后市场对技能人才的需求量不断增大。为此，我们组织教师和企业专家成立了课程研发小组，主要结合企业岗位的实际需求，并广泛参考借鉴了国内外新能源汽车方面的研究成果，形成以模块式课程为载体、以工作过程为主线、以任务驱动教学为主要形式的专业课程开发思路，编写了本套教材，包括《走进新能源汽车》《电动汽车检查维护》《电动汽车结构原理与检修》《电动汽车总装技术》以及相应工作页。

本书是与《电动汽车总装技术》配套使用的工作页，主要内容包括电动汽车及总装技术认知、电动汽车总装车间及运行规范、电动汽车装配基本技能学习、电动汽车装配工艺过程介绍和电动汽车装配检测介绍5个学习情境。

本书由北京汽车技师学院组织编写，由北京新能源汽车股份有限公司制造工程部部长罗灯远主审。本书由景平利、李倩龙和刘振博担任主编，赵健、陈猛、高磊担任副主编，其他参与编写的还有林闯、张薇、郑华磊。

限于编者水平和经验，书中难免存在缺点和疏漏，恳请广大读者批评指正。

编　者

目 录 *Contents*

学习情境1

电动汽车及总装技术认知

学习任务1 电动汽车的现状和发展

一、复习回顾

问题引导：

传统内燃机汽车是如何诞生的？

传统内燃机汽车是如何发展的？

二、任务描述

　　传统内燃机汽车对环境的污染推动了电动汽车的发展，电动汽车将成为今后汽车行业发展的一个重要方向。某电动汽车公司市场部为了更好地制定今后的发展规划，计划对主要竞争企业进行一次调研。本次任务主要是针对北汽新能源汽车、比亚迪电动汽车和特斯拉电动汽车三家公司的具体情况进行调研。

三、任务分析

工作任务	分项任务
任务接受	结合教材内容、其他相关参考书以及网上资源信息等方法搜集资料，完成工作任务
任务分解	先搜集整理国内北汽和比亚迪电动汽车的现状及发展的相关信息，再搜集整理特斯拉等国外电动汽车的现状及发展的相关信息
任务设计	根据任务要求，分组搜集资料，小组讨论、分析、整理信息、完成任务

四、任务实施

　　1. 相关参考书

　　2. 调研电动汽车公司

公司名称			
公司地址		续航里程	
主要车型		最大功率	
指导价格		最大转矩	
购车补贴		车身尺寸	
电机类型		整车重量	
电池类型		驱动形式	
充电时间		其他特点	

3. 网上资源

五、任务交付

我国的电动汽车企业及规划有哪些？

我国为扶持电动汽车产业出台的政策有哪些？

国外的电动汽车企业有哪些？

未来电动汽车发展的主要方向是什么？

六、反思评价

工作任务	分项任务
反思	请反思与评价自己在学习过程和工作过程中的职业态度、专业能力和非专业能力，寻找改进的可能性
评价	采用自检、班组和检验员三级评价体系对完成的任务进行评价，并记录相应评价结果

序　号	项　目	评价		
		自　检	班　组	检验员
1	责任心			
2	独立性			
3	沟通能力			
4	诚信			
5	专业能力			
6	安全			
7	环保			
8	成本控制			
9	时间控制			
10	职业素质			
11	专业技能			
12	综合评价			

注：评价项请参考合格、一般、良好、优秀进行等级评定，并写出具体相关说明内容及原因

一、复习回顾

问题引导：

传统内燃机汽车主要有哪些机构和系统？

传统内燃机汽车是如何工作的？

二、任务描述

　　某电动汽车公司市场部为了扩大电动汽车的销售，下达了对电动汽车的宣传任务。本次任务主要是针对电动汽车所采用的不同电机和电池的知识对客户进行普及，以对电动汽车与传统汽车进行比较。

三、任务分析

工 作 任 务	分 项 任 务
任务接受	结合教材内容、其他相关参考书以及企业调研、网上资源信息等方法搜集资料，完成工作任务
任务分解	先搜集整理电动汽车结构的相关信息，再搜集整理电动汽车的工作原理的相关信息
任务设计	根据任务要求，分组搜集资料，小组讨论、分析、整理信息，完成任务

四、任务实施

1. 电机的分类

```
                             ┌ 永磁式——PM 直流电机（永磁直流电机）
                             └
电机 ┬                    ┌ 交流异步电机 ┬ 笼型交流异步电机
     │                    │             └
     └ 交流电机 ┤         │
                           └ 交流同步电机 ┬              ┌ 表面式 PM 电机
                                          └ PM 电机（永磁式） ┤
                                                              └
```

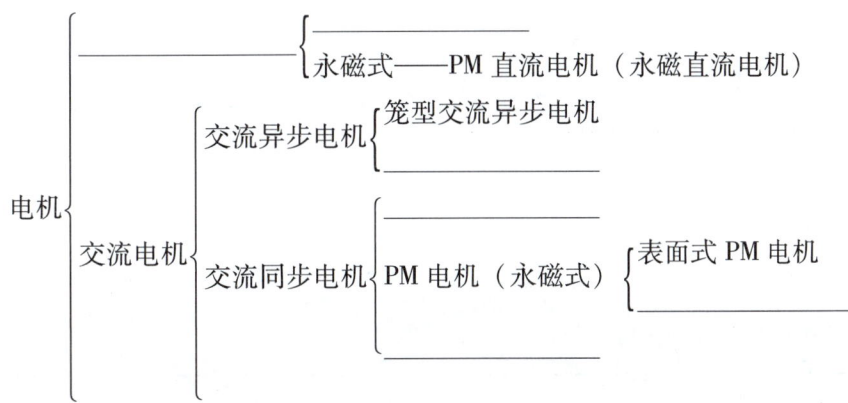

2. 电动汽车主流电池的特点

电池类型	铅酸电池	镍-氢电池	镍-镉电池	钠硫电池	锂离子电池
循环寿命/次	300～500				
比能量/（W·h/kg）		70～80			
比功率/（W/kg）			225		
单体额定电压/V				2	
工作温度/℃					−20～60

（续）

电池类型	铅酸电池	镍-氢电池	镍-镉电池	钠硫电池	锂离子电池
记忆效应				无	
使用成本			高		
污染环境				否	
应用					动力电池

3. 电力驱动布置方案的比较

布 置 方 案	机械传统型	无变速器型	无差速器型	电动轮型
电机轴与驱动轴轴线关系		平行	同轴	电动轮装在车轮的轮毂中
驱动形式	电机前置-驱动桥前置或后置			前轮驱动、后轮驱动、四轮驱动
传动效率			小	很小
几何空间			小	很小
电机种类	普通电机	普通电机		
通用性	好	良好		
互换性			良好	—

五、任务交付

请将传统汽车与电动汽车进行对比分析

项　目	燃油汽车	电动汽车
结构连接		柔性的电线连接居多
部件的放置及选择	不灵活	
变速器		不必要
动力形式	活塞式发动机	
储能装置		多种类型

六、反思评价

工作任务	分项任务
反思	请反思与评价自己在学习过程和工作过程中的职业态度、专业能力和非专业能力，寻找改进的可能性
评价	采用自检、班组和检验员三级评价体系对完成的任务进行评价，并记录相应评价结果

序　号	项　　目	评　　价		
		自　检	班　组	检　验　员
1	责任心			
2	独立性			
3	沟通能力			
4	诚信			
5	专业能力			
6	安全			
7	环保			
8	成本控制			
9	时间控制			
10	职业素质			
11	专业技能			
12	综合评价			

注：评价项请参考合格、一般、良好、优秀进行等级评定，并写出具体相关说明内容及原因

学习任务3　电动汽车总装技术

一、复习回顾

问题引导：

汽车制造的主要工艺有哪些？

什么是工业 1.0、2.0、3.0？

二、任务描述

为了使新员工今后在电动汽车总装车间工作得更好，某电动汽车公司培训部组织了新员工参观总装车间和学习总装技术，并要求新员工完成电动汽车总装技术现状和发展的调研报告。

三、任务分析

工作任务	分项任务
任务接受	结合教材内容、其他相关参考书以及企业调研、网上资源信息等方法搜集资料，完成工作任务
任务分解	先搜集整理电动汽车总装技术的相关信息，再搜集整理工业 4.0 的相关信息
任务设计	根据任务要求，分组搜集资料，小组讨论、分析、整理信息，完成任务

四、任务实施

1. 相关参考书

2. 调研电动汽车制造企业

企业名称

企业地址

企业规模

总装车间生产线

总装设备种类

总装车间工种

总装车间工种主要要求

总装技术

3. 网上资源

五、任务交付

1. 简述电动汽车总装技术现状

2. 简述电动汽车总装技术未来发展趋势

六、反思评价

工作任务	分项任务
反思	请反思与评价自己在学习过程和工作过程中的职业态度、专业能力和非专业能力，寻找改进的可能性
评价	采用自检、班组和检验员三级评价体系对完成的任务进行评价，并记录相应评价结果

序　号	项　目	评　价		
		自　检	班　组	检　验　员
1	责任心			
2	独立性			
3	沟通能力			
4	诚信			
5	专业能力			
6	安全			
7	环保			
8	成本控制			
9	时间控制			
10	职业素质			
11	专业技能			
12	综合评价			

注：评价项请参考合格、一般、良好、优秀进行等级评定，并写出具体相关说明内容及原因

学习情境2

电动汽车总装车间及运行规范

学习任务 1 电动汽车总装车间的认知

一、复习回顾

问题引导：

乘用车是如何分类的？

汽车是如何制造的？

二、任务描述

为了使新员工今后在电动汽车总装车间工作得更好，某电动汽车公司培训部组织了新员工参观总装车间，并要求新员工完成电动汽车总装车间生产线的调研报告。

生产线及管理 ➡ 总装车间员工标准 ➡ 各工种规范 ➡ 总装车间事件处理方案

三、任务分析

工作任务	分项任务
任务接受	结合教材内容、其他相关参考书以及企业调研、网上资源信息等方法搜集资料，完成工作任务
任务分解	先搜集整理电动汽车总装车间有哪些设备，再搜集整理总装车间有哪些生产线，最后搜集整理总装车间是如何管理的
任务设计	根据任务要求，分组搜集资料，小组讨论、分析、整理信息，完成任务

四、任务实施

1. 相关参考资料

2. 完成以下三个表格

总装车间内各类机械化输送线的功能及特点

总装主要设备	功　　能	特　　点
滑撬输送	通过滚床，推动上部撬体，实现车身（或零部件）输送	
自行小车		输送速度一般为24m/min，工艺速度可调整，噪声小；带剪式升降的，在升降过程中较少占用地面空间，可实现快速行走和积放，不存在油品污染，但成本高

（续）

总装主要设备	功 能	特 点
宽推板输送	车身置于大平板上，线端头的驱动装置通过摩擦副推动大平板，后面的平板推动前面的平板，实现车身输送，宽推板必须在封闭循环内构成回路	

电动汽车总装主要生产线

生产线	主要作业内容	相关主要设备
内饰线	➢ 线束（前机舱、管梁、地板、四门、充电等） ➢ 内饰板、地毯、顶棚、集成支架 ➢ 四门玻璃、前后风窗玻璃、仪表台模块	
底盘线	➢ 制动油管、动力总成 ➢ ➢ ➢	车身挂具 相应分装平台
终装线	➢ 电机控制器、车载充电机、DC/DC 转换器 ➢ 高压控制盒、线束终端连接 ➢	制动液加注设备 冷却液加注设备
检测线	➢ 间隙和断差、前束，车轮外倾角 ➢ 前照灯位置、滚筒测试 ➢	四轮定位检测设备 前照灯位置检测仪

5S 管理内容

名 称	整 理	整 顿	清 扫	清 洁	素 养
5S	Seiri	Seiton	Seiso	Seiketsu	Shitsuke
定义		必需品依规定摆放并明确标示	清除现场内垃圾		人人按章操作、依规行事
目的	改善作业面积，保障安全，提高质量，减少库存量，改变作风			认真维护并坚持整理、整顿、清扫的效果，使其保持最佳状态	提升"人的品质"，培养对任何工作都讲究认真的人

（续）

名　　称	整　　理	整　　顿	清　　扫	清　　洁	素　　养
意义	坚决把现场不需要的东西清理掉，达到现场无不用之物	便于以最快的速度取得所需物品，在最有效的制度和流程下完成作业	使发生异常的根源容易被发现，是实施自主保养的第一步	消除发生安全事故的根源，创造一个良好的工作环境	

五、任务交付

1. 简述电动汽车总装车间的主要设备有哪些

2. 简述电动汽车总装车间有哪些生产线

3. 简述电动车间总装车间的管理方式

六、反思评价

工作任务	分项任务
反思	请反思与评价自己在学习过程和工作过程中的职业态度、专业能力和非专业能力，寻找改进的可能性
评价	采用自检、班组和检验员三级评价体系对完成的任务进行评价，并记录相应评价结果

序 号	项 目	评 价		
		自 检	班 组	检 验 员
1	责任心			
2	独立性			
3	沟通能力			
4	诚信			
5	专业能力			
6	安全			
7	环保			
8	成本控制			
9	时间控制			
10	职业素质			
11	专业技能			
12	综合评价			

注：评价项请参考合格、一般、良好、优秀进行等级评定，并写出具体相关说明内容及原因

一、复习回顾

问题引导:

汽车制造厂有哪些工种?

汽车制造厂对员工有哪些要求?

二、任务描述

为了使新员工今后在电动汽车总装车间工作得更好，某电动汽车公司培训部组织了新员工在总装车间进行入职前培训，并要求新员工完成电动汽车总装车间的学习作业。

生产线及管理 → 总装车间员工标准 → 各工种规范 → 总装车间事件处理方案

三、任务分析

工 作 任 务	分 项 任 务
任务接受	结合教材内容、其他相关参考书以及企业调研、网上资源信息等方法搜集资料，完成工作任务
任务分解	先搜集整理电动汽车总装车间对员工有什么要求，再搜集整理总装车间的员工行为规范
任务设计	根据任务要求，分组搜集资料，小组讨论、分析、整理信息，完成任务

四、任务实施

1. 相关参考资料

2. 完成以下两个名词解释
员工的基本要求：

员工行为规范：

五、任务交付

员工素质要求	提高质量注意事项
1）遵守交通安全，统一着装	1）遵守标准工作秩序，不许掉零件
2）＿＿＿＿＿＿＿＿＿	2）＿＿＿＿＿＿＿＿＿
3）正确使用劳保用品	3）＿＿＿＿＿＿＿＿＿
4）＿＿＿＿＿＿＿＿＿	4）工作现场不许进行与生产无关的活动

基础秩序注意事项	安全注意事项
1）遵守上下班时间，服从指挥	1）不携带危险物品，遵守安全法规
2）工作时，工作服要保持干净	2）不许使用厂内规定以外的电器
3）＿＿＿＿＿＿＿＿＿	3）＿＿＿＿＿＿＿＿＿
4）＿＿＿＿＿＿＿＿＿	4）＿＿＿＿＿＿＿＿＿

维持环境注意事项	
1）手套、套袖及工具不许乱扔	3）＿＿＿＿＿＿＿＿＿
2）＿＿＿＿＿＿＿＿＿	4）爱护设施，垃圾废物随时清理

车间行为规范	办公室行为规范
1）不得在车间内串岗、玩手机	1）＿＿＿＿＿＿＿＿＿
2）进入车间工作区，按规定穿着工作服	2）＿＿＿＿＿＿＿＿＿
3）车间内严禁斗殴，做到文明生产	3）＿＿＿＿＿＿＿＿＿
4）＿＿＿＿＿＿＿＿＿	4）复印机、打印机等办公设备使用完毕后请自觉复原
5）＿＿＿＿＿＿＿＿＿	5）请保管好个人文件
6）＿＿＿＿＿＿＿＿＿	6）公司的设备、设施、产品、材料等需谨慎使用，妥善保管
7）＿＿＿＿＿＿＿＿＿	7）＿＿＿＿＿＿＿＿＿
8）＿＿＿＿＿＿＿＿＿	8）＿＿＿＿＿＿＿＿＿
9）＿＿＿＿＿＿＿＿＿	
10）＿＿＿＿＿＿＿＿＿	

六、反思评价

工 作 任 务	分 项 任 务
反思	请反思与评价自己在学习过程和工作过程中的职业态度、专业能力和非专业能力，寻找改进的可能性
评价	采用自检、班组和检验员三级评价体系对完成的任务进行评价，并记录相应评价结果

序　号	项　目	评　价		
		自　检	班　组	检　验　员
1	责任心			
2	独立性			
3	沟通能力			
4	诚信			
5	专业能力			
6	安全			
7	环保			
8	成本控制			
9	时间控制			
10	职业素质			
11	专业技能			
12	综合评价			

注：评价项请参考合格、一般、良好、优秀进行等级评定，并写出具体相关说明内容及原因

学习任务3　总装车间各工种的工作规范

一、复习回顾

问题引导：

汽车制造厂都有哪些工作岗位？

汽车制造厂对各工作岗位有哪些要求？

二、任务描述

为了使新员工今后在电动汽车总装车间工作得更好，某电动汽车公司培训部组织了新员工参观总装车间，并要求新员工完成电动汽车总装车间各工种的调研报告。

生产线及管理 ➡ 总装车间员工标准 ➡ 各工种规范 ➡ 总装车间事件处理方案

三、任务分析

工 作 任 务	分 项 任 务
任务接受	结合教材内容、其他相关参考书以及企业调研、网上资源信息等方法搜集资料，完成工作任务
任务分解	先搜集整理电动汽车总装车间都有哪些工种，再搜集总装车间对各工种的要求
任务设计	根据任务要求，分组搜集资料，小组讨论、分析、整理信息，完成任务

四、任务实施

1. 相关参考资料

2. 完成下列表格
请写出下图所示的工种。

（续）

_____

_____

装　配　工

使用手动、气动和电动工具或工装设备或在生产线上进行电动汽车总成及分总成装配与调试的人员

岗 位 职 责	技 能 要 求
1）_____	1）_____
2）装配员工要正确地使用工具和器具	2）_____
3）装配员工服装饰品必须处理得当	3）_____
4）_____	4）_____
5）_____	5）了解各种机械连接方式
6）_____	6）能识别各种连接件、各等级螺栓及其应用
7）_____	7）_____
8）_____	

五、任务交付

1. 简述电动汽车总装车间都有哪些工种

2. 简述电动汽车总装车间的组织人事结构主要分为几种

六、反思评价

工作任务	分项任务
反思	请反思与评价自己在学习过程和工作过程中的职业态度、专业能力和非专业能力，寻找改进的可能性
评价	采用自检、班组和检验员三级评价体系对完成的任务进行评价，并记录相应评价结果

序　号	项　目	评　价		
		自　检	班　组	检　验　员
1	责任心			
2	独立性			
3	沟通能力			
4	诚信			
5	专业能力			
6	安全			
7	环保			
8	成本控制			
9	时间控制			
10	职业素质			
11	专业技能			
12	综合评价			

注：评价项请参考合格、一般、良好、优秀进行等级评定，并写出具体相关说明内容及原因

学习任务4 总装车间事件处理方案

一、复习回顾

问题引导：

汽车制造厂可能存在哪些危险?

汽车制造厂发生意外应如何处理?

二、任务描述

为了使新员工今后在电动汽车总装车间工作得更好，某电动汽车公司培训部组织了新员工参观总装车间，并要求新员工完成电动汽车总装车间事件处理方案的调研报告。

生产线及管理 ➡ 总装车间员工标准 ➡ 各工种规范 ➡ 总装车间事件处理方案

三、任务分析

工 作 任 务	分 项 任 务
任务接受	结合教材内容、其他相关参考书以及企业调研、网上资源信息等方法搜集资料，完成工作任务
任务分解	先搜集整理电动汽车总装车间存在哪些危险，再搜集如何处理这些问题
任务设计	根据任务要求，分组搜集资料，小组讨论、分析、整理信息，完成任务

四、任务实施

1. 相关参考资料

2. 完成下列表格

常见火灾类型

火灾类型	火灾定义	扑救方式
A 类火灾		水型，泡沫型，磷酸铵盐型灭火器
B 类火灾	指液体和可融化的固体火灾，如油品和石蜡	
C 型火灾		干粉，二氧化碳型灭火器
D 型火灾	指固体金属，如钾/钠/镁	

常见电流的种类

	直　流　电	交　流　电
电流种类	＿＿＿＿＿V 以下对人体是安全的	40~100Hz（工频电 50Hz 比较危险），若频率为 20000Hz，对人体危害非常小，应用于医学上的理疗，电压高也无妨
电流对人体的危害	3~10mA	有刺痛感，可自行摆脱
	10~30mA	
	30~50mA	
	50~250mA	
	大于250mA	
电击使人致死原因	电流作用使人窒息而死亡	

五、任务交付

1. 简述电动汽车总装车间都有哪些危险

2. 简述电动汽车总装车间火灾的应对方法

3. 简述电动汽车总装车间触电的应对方法

六、反思评价

工 作 任 务	分 项 任 务
反思	请反思与评价自己在学习过程和工作过程中的职业态度、专业能力和非专业能力，寻找改进的可能性
评价	采用自检、班组和检验员三级评价体系对完成的任务进行评价，并记录相应评价结果

序　号	项　目	评　价		
		自　检	班　组	检 验 员
1	责任心			
2	独立性			
3	沟通能力			
4	诚信			
5	专业能力			
6	安全			
7	环保			
8	成本控制			
9	时间控制			
10	职业素质			
11	专业技能			
12	综合评价			

注：评价项请参考合格、一般、良好、优秀进行等级评定，并写出具体相关说明内容及原因

电动汽车装配基本技能学习

学习任务1 常规工具的安全操作规范

一、复习回顾

问题引导：

日常生活中我们经常会用到什么工具？

这些工具应该如何规范使用？

二、任务描述

　　为了使新员工今后在电动汽车总装车间工作得更好，某电动汽车公司培训部组织了新员工学习使用各种常规工具，并要求新员工完成相应的学习笔记。

| 常规工具的安全操作规范 | ➡ | 典型装配任务的作业规范 |

三、任务分析

工 作 任 务	分 项 任 务
任务接受	结合教材内容、其他相关参考书以及企业调研、网上资源信息等方法搜集资料，完成工作任务
任务分解	先搜集整理电动汽车手动工具的相关信息，再搜集整理电动汽车气动工具的相关信息，最后搜集整理电动汽车电动工具的相关信息
任务设计	根据任务要求，分组搜集资料，小组讨论、分析、整理信息，完成任务

四、任务实施

1. 相关参考资料

2. 完成下列表格

常规工具的特点

	优　点	缺　点
名称：＿＿＿＿＿＿		

（续）

	优　点	缺　点
名称：＿＿＿＿＿＿＿＿＿		
名称：＿＿＿＿＿＿＿＿＿	优　点	缺　点
名称：＿＿＿＿＿＿＿＿＿	优　点	缺　点
名称：＿＿＿＿＿＿＿＿＿	优　点	缺　点
名称：＿＿＿＿＿＿＿＿＿	优　点	缺　点

五、任务交付

1. 简述电动汽车总装车间的主要工具分为哪三类

2. 简述扭力扳手操作时应注意什么

3. 简述气动螺钉旋具使用的注意事项

4. 简述电动工具检查项目有哪些

5. 简述工具管理注意事项有哪些

六、反思评价

工 作 任 务	分 项 任 务
反思	请反思与评价自己在学习过程和工作过程中的职业态度、专业能力和非专业能力，寻找改进的可能性
评价	采用自检、班组和检验员三级评价体系对完成的任务进行评价，并记录相应评价结果

序　号	项　目	评　价		
		自　检	班　组	检 验 员
1	责任心			
2	独立性			
3	沟通能力			
4	诚信			
5	专业能力			
6	安全			
7	环保			
8	成本控制			
9	时间控制			
10	职业素质			
11	专业技能			
12	综合评价			

注：评价项请参考合格、一般、良好、优秀进行等级评定，并写出具体相关说明内容及原因

学习任务 2　典型装配任务的作业规范

一、复习回顾

问题引导：

车辆上的螺纹紧固元件有哪些？

安装螺纹紧固元件的工具都有哪些？

二、任务描述

　　电动汽车的制造和生产离不开基本装配任务，这些任务的要求各不相同，熟练规范地做好典型装配任务是重中之重。为了使新员工今后在电动汽车总装车间工作得更好，某电动汽车公司培训部组织了新员工学习典型装配任务的作业规范，并要求新员工完成相应的学习笔记。

　　常规工具的安全操作规范　➡　典型装配任务的作业规范

三、任务分析

工作任务	分项任务
任务接受	结合教材内容、其他相关参考书以及企业调研、网上资源信息等方法搜集资料，完成工作任务
任务分解	先搜集整理电动汽车有哪些典型装配任务，再搜集整理各典型装配任务的作业规范
任务设计	根据任务要求，分组搜集资料，小组讨论、分析、整理信息，完成任务

四、任务实施

1. 相关参考资料

2. 请写出图中所列零件或工具的名称

紧固件名称及简图

（续）

定力矩工具

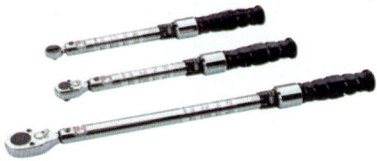

密封元件

（续）

五、任务交付

1. 电动汽车总装典型的装配任务有以下几种

检 验 方 法	加拧力矩法	回程力矩法	T 点 法	标 记 法
确定方法 力矩值			用扭力扳手将紧固的螺纹再次旋动时的角度-力矩曲线算出的拧紧力矩值	
$\alpha = \dfrac{检验力矩}{紧固力矩}$		0.6~0.9（0.8）		
特点	能清楚看出螺纹，开始旋动则可正确测定，检测后保持原状即可			比较费工夫，检查后可以恢复到相同的紧固状态

2. 简述卡箍的拆装方法

3. 简述卡箍拆装的主要注意事项有哪些

六、反思评价

工 作 任 务	分 项 任 务
反思	请反思与评价自己在学习过程和工作过程中的职业态度、专业能力和非专业能力，寻找改进的可能性
评价	采用自检、班组和检验员三级评价体系对完成的任务进行评价，并记录相应评价结果

序　号	项　目	评　价		
		自　检	班　组	检　验　员
1	责任心			
2	独立性			
3	沟通能力			
4	诚信			
5	专业能力			
6	安全			
7	环保			
8	成本控制			
9	时间控制			
10	职业素质			
11	专业技能			
12	综合评价			

注：评价项请参考合格、一般、良好、优秀进行等级评定，并写出具体相关说明内容及原因

电动汽车装配工艺过程介绍

学习任务 1 内饰线的装配工艺

一、复习回顾

问题引导：

汽车总装车间都有哪几条生产线？

电动汽车总装车间有哪些主要设备？

电动汽车总装车间有哪些常用工具？

电动汽车总装车间有哪些基本装配？

二、任务描述

电动汽车总装车间收到电动汽车市场销售部的订单，订单要求为：白色电动汽车 EV200，配置类型为标准配置。车间生产计划科依据此订单进行生产调度安排，并按照以下工艺过程进行生产装配：

车身上线 → 内饰装配 → 底盘装配 → 终装装配 → 检测线检测 → 商品车下线

本次任务主要是针对车身上线后的除座椅外所有内饰零部件总成的装配，请各工位按照车辆配置清单进行电动汽车的装配，完成本次订单生产。

三、任务分析

工作任务	分项任务
任务接受	结合教材内容中的作业指导书、其他相关参考书以及企业调研、网上资源信息等方法，完成此次订单工作任务
任务分解	将所有内饰零部件总成装配任务分解到内饰一线、内饰二线各工段、各工序；明确任务目标
任务设计	给每个工序任务配作业指导书，并要求每个工位装配人员严格按照质量标准来完成任务

四、任务实施

1. 电动汽车装配相关技术文件

2. 内饰装配关键工序（所列内容为举例，其余请自行填写）：

序　号	关键工序名称	重要等级（A、B、C级）	备　注
1			
2			
3	仪表板管梁分装	A级	转向管柱装配
4			
5			
6			
7			
8			
9			
10			
11			
12			
13			
14			
15			

3. 网上资源

五、任务交付

在任务交付阶段，主要对各内饰零部件总成进行装配检验，包括装配零部件总成的外观、性能、技术要求等项目：

序　号	检测项目	检测内容	合格评判	备　注
1				
2				
3				
4				

（续）

序　号	检测项目	检测内容	合格评判	备　注
5				
6				
7				
8				
9				
10				
11				
12				
13				
14				
15				
16				
17				
18				
19				
20				
21				
22				
23				

六、反思评价

工作任务	分项任务
反思	请反思与评价自己在学习过程和工作过程中的职业态度、专业能力和非专业能力，寻找改进的可能性
评价	采用自检、班组和检验员三级评价体系对内饰装配任务进行评价，并记录相应评价结果

序　号	项　　目	评　价		
		自　检	班　组	检　验　员
1	责任心			
2	独立性			
3	沟通能力			
4	诚信			
5	专业能力			
6	安全			
7	环保			
8	成本控制			
9	时间控制			
10	职业素质			
11	专业技能			
12	综合评价			

注：评价项请参考合格、一般、良好、优秀进行等级评定，并写出具体相关说明内容及原因

学习任务2 底盘线的装配工艺

一、复习回顾

问题引导：

电动汽车与传统汽车底盘有哪些差异？

电动汽车总装底盘线有哪些主要设备？

电动汽车底盘装配线需要装配什么？

电动汽车底盘装配线需要注意什么？

二、任务描述

电动汽车总装车间收到电动汽车市场销售部的订单，订单要求为：白色电动汽车 EV200，配置类型为标准配置。车间生产计划科依据此订单进行生产调度安排，并按照以下工艺过程进行生产装配：

车身上线 → 内饰装配 → 底盘装配 → 终装装配 → 检测线检测 → 商品车下线

本次任务主要是针对车身完成内饰装配进入到底盘装配线后，所有底盘零部件总成的装配，请各工位按照车辆配置清单进行电动汽车的装配，完成本次订单生产。

三、任务分析

工 作 任 务	分 项 任 务
任务接受	结合教材内容中的作业指导书、其他相关参考书以及企业调研、网上资源信息等方法，完成此次订单工作任务
任务分解	将所有底盘零部件总成装配任务分解到底盘装配线各工段、各工序，明确任务目标
任务设计	给每个工序任务配作业指导书，并要求每个工位装配人员严格按照质量标准来完成任务

四、任务实施

1. 电动汽车底盘装配相关技术文件

2. 底盘装配关键工序

序　　号	关键工序名称	重要等级（A、B、C级）	备　　注
1			
2			
3			
4			
5			
6	动力电池总成装配	A级	高压电防护
7			
8			
9			
10			
11			
12			
13			
14			
15			

3. 网上资源

五、任务交付

　　在任务交付阶段，主要对底盘各零部件总成进行装配检验，包括装配零部件总成的外观、性能、技术要求等项目：

序　号	检测项目	检测内容	合格评判	备　注
1				
2				
3				
4				
5				
6				
7				
8				
9				
10				
11				
12				
13				
14				
15				
16				
17				
18				
19				
20				
21				
22				

六、反思评价

工作任务	分项任务
反思	请反思与评价自己在学习过程和工作过程中的职业态度、专业能力和非专业能力，寻找改进的可能性
评价	采用自检、班组和检验员三级评价体系对内饰装配任务进行评价，并记录相应评价结果

序　号	项　目	评　价		
		自　检	班　组	检　验　员
1	责任心			
2	独立性			
3	沟通能力			
4	诚信			
5	专业能力			
6	安全			
7	环保			
8	成本控制			
9	时间控制			
10	职业素质			
11	专业技能			
12	综合评价			

注：评价项请参考合格、一般、良好、优秀进行等级评定，并写出具体相关说明内容及原因

学习任务3 终装线的装配工艺

一、复习回顾

问题引导：

电动汽车与传统汽车终装装配的区别？

电动汽车总装终装线有哪些主要设备？

电动汽车终装装配线需要完成哪些任务？

电动汽车终装装配线需要注意什么？

二、任务描述：

电动汽车总装车间收到电动汽车市场销售部的订单，订单要求为：白色电动汽车 EV200，配置类型为标准配置。车间生产计划科依据此订单进行生产调度安排，并按照以下工艺过程进行生产装配：

车身上线 ➡ 内饰装配 ➡ 底盘装配 ➡ 终装装配 ➡ 检测线检测 ➡ 商品车下线

本次任务主要是针对车身完成内饰、底盘装配进入到终装装配线后，剩余的所有零部件总成的装配，请各工位按照车辆配置清单进行电动汽车的装配，完成本次订单生产。

三、任务分析

工作任务	分项任务
任务接受	结合教材内容中的作业指导书、其他相关参考书以及企业调研、网上资源信息等方法，完成此次订单工作任务
任务分解	将所有剩余零部件总成装配任务分解到终装装配线各工段、各工序，明确任务目标
任务设计	给每个工序任务配作业指导书，并要求每个工位装配人员严格按照质量标准来完成任务

四、任务实施

1. 电动汽车终装装配相关技术文件

2. 终装装配关键工序

序　　号	关键工序名称	重要等级（A、B、C级）	备　　注
1			
2			
3			
4			
5			
6	高压保险盒装配	A级	高压电防护、线束插接
7			
8			
9			
10			
11			
12			
13			
14			
15			

3. 网上资源

五、任务交付

在任务交付阶段，主要对终装各零部件总成进行装配检验，包括装配零部件总成的外观、性能、技术要求等项目：

序　号	检 测 项 目	检 测 内 容	合 格 评 判	备　注
1				
2				
3				
4				
5				
6				
7				
8				
9				
10				
11				
12				
13				
14				
15				
16				
17				
18				
19				
20				
21				
22				

六、反思评价

工 作 任 务	分 项 任 务
反思	请反思与评价自己在学习过程和工作过程中的职业态度、专业能力和非专业能力，寻找改进的可能性
评价	采用自检、班组和检验员三级评价体系对内饰装配任务进行评价，并记录相应评价结果

序　号	项　目	评　价		
		自　检	班　组	检　验　员
1	责任心			
2	独立性			
3	沟通能力			
4	诚信			
5	专业能力			
6	安全			
7	环保			
8	成本控制			
9	时间控制			
10	职业素质			
11	专业技能			
12	综合评价			

注：评价项请参考合格、一般、良好、优秀进行等级评定，并写出具体相关说明内容及原因

电动汽车装配检测介绍

一、复习回顾

问题引导：

汽车四轮定位需要设定哪些参数？

汽车四轮定位参数不合理会引起哪些故障？

电动汽车总装车间测量前轮前束和外倾角有哪些设备？

电动汽车总装车间调整前轮前束和外倾角常用到哪些工具？

二、任务描述

　　电动汽车总装车间工作人员发现一款 EV200 电动汽车的操作性和行驶稳定性很差，行驶时前轮轮胎横向滑移明显，轮胎损坏严重，车间主任要求生产员工重新检测电动汽车前轮前束和外倾角。汽车前轮外倾角和前束值是前轮定位中非常重要的两个参数。根据教材所给信息完成以下电动汽车前轮前束和前轮外倾角的测量方法及调整措施的工单任务。

三、任务分析

工作任务	分项任务
任务接受	结合教材内容中的作业指导书、其他相关参考书及网上资源信息等完成工作任务
任务分解	汽车前轮前束和外倾角测量前的准备工作；前轮前束和外倾角测量方法，前轮前束和外倾角调整措施
任务实施	根据作业指导书，完成工作图表的填写

四、任务实施

　　1. 相关检测设备及工具使用说明书

　　2. 测量前轮前束和外倾角准备工作

检查项目	前轮前束检查结果	前轮外倾角检查结果
轮毂轴承		
前轮胎压		
车辆场地		
前轮情况		

　　3. 前轮前束值测量步骤

准备工作 ➡ ⬜ ➡ ⬜ ➡ ⬜

4. 前轮外倾角测量步骤

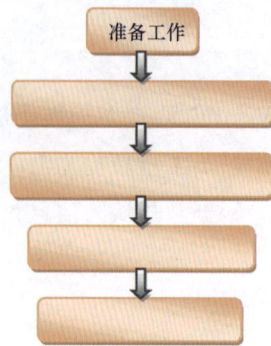

五、任务交付

序　号	检测项目	检测结果	合格评判	调整措施
1	前轮前束			
2	前轮外倾角			

六、反思评价

工作任务	分项任务
反思	请反思自己在学习过程和工作过程中的职业态度、专业能力和非专业能力，寻找改进的可能性
评价	采用自检、班组和检验员三级评价体系对检测任务进行评价，并记录相应评价结果

序　号	项　目	评　价		
		自　检	班　组	检　验　员
1	责任心			
2	独立性			
3	沟通能力			
4	诚信			
5	专业能力			
6	安全			
7	环保			
8	成本控制			

（续）

序　号	项　目	评　价		
		自　检	班　组	检　验　员
9	时间控制			
10	职业素质			
11	专业技能			
12	综合评价			

注：评价项请参考合格、一般、良好、优秀进行等级评定，并写出具体相关内容及原因

学习任务2　电动汽车检测线—前照灯位置

一、复习回顾

问题引导：

汽车前照灯的检测参数主要有哪些？

汽车前照灯的检测方法一般有哪些？

汽车前照灯位置检测时应注意哪些事项？

二、任务描述

　　汽车前照灯检测是汽车安全性能检测的重要项目，传统内燃机汽车和电动汽车前照灯构造相同，电动汽车总装车间工作人员主要是检测前照灯的光束位置和放光强度，电动汽车总装车间往往都是用检测仪进行汽车前照灯的检测。在没有检测仪的情况下，请根据教材所给信息并搜索相关资料完成电动汽车前照灯光束位置的检测。

三、任务分析

工作任务	分项任务
任务接受	结合教材内容及相关工具完成前照灯光束位置的检测任务
任务分解	电动汽车前照灯光束位置检测的准备工作；检测数据的记录及结果分析
任务实施	根据教材及相关使用说明书，完成工作任务

四、任务实施

1. 相关工具及场地的准备

2. 简述屏幕法检测前照灯光束位置的步骤

五、任务交付

在任务交付阶段，主要针对前照灯光束位置检测的数据进行记录及结果分析。

检测项目		远光偏移/(mm/10m)		近光偏移/(mm/10m)		灯中心高 H/mm	合格判定
		垂　直	水　平	垂　直	水　平		
前照灯	左外灯	$\times H$		$\times H$			
	左内灯	$\times H$		$\times H$			
	右内灯	$\times H$		$\times H$			
	右外灯	$\times H$		$\times H$			

六、反思评价

工 作 任 务	分 项 任 务
反思	请反思自己在学习过程和工作过程中的职业态度、专业能力和非专业能力，寻找改进的可能性
评价	采用自检、班组和检验员三级评价体系对检测任务进行评价，并记录相应评价结果

序　号	项　目	评　价		
		自　检	班　组	检　验　员
1	责任心			
2	独立性			
3	沟通能力			
4	诚信			
5	专业能力			
6	安全			
7	环保			
8	成本控制			
9	时间控制			
10	职业素质			
11	专业技能			
12	综合评价			

注：评价项请参考合格、一般、良好、优秀进行等级评定，并写出具体相关内容及原因

学习任务 3　电动汽车检测线—侧滑检测

一、复习回顾

问题引导：

汽车前轮侧滑检测的影响因素有哪些？

汽车前轮侧滑会产生哪些危害？

汽车前轮侧滑检测时有哪些准备工作？

二、任务描述

　　前轮前束和前轮外倾角不匹配会引起汽车前轮侧滑，导致汽车直线行驶的稳定性变差。电动汽车总装车间检测线是先对车辆进行四轮定位，目的是保证前轮前束和外倾角匹配良好，然后再对电动汽车前轮进行侧滑试验。根据教材所给信息并搜索相关资料完成电动汽车前轮侧滑检测工作任务。

三、任务分析

工 作 任 务	分 项 任 务
任务接受	结合教材内容中的作业指导书、侧滑试验台使用说明书及网上资源信息等，完成工作任务
任务分解	汽车前轮侧滑试验台的操作；前轮侧滑试验的注意事项；前轮侧滑量的结果记录及分析；前轮前束和外倾角调整措施
任务实施	根据作业指导书侧滑试验使用说明书，完成工作任务

四、任务实施

1. 相关检测设备使用说明书

2. 前轮侧滑试验准备工作检查表

	检 查 部 位	检 查 要 领	解 决 方 法
使用前 检查			

3. 简述前轮前束侧滑检测方法

五、任务交付

请将试验数据填入下表，并对试验数据进行分析与诊断，完成表格的填写。

检 测 项 目	侧滑量/(m/km)	标准值/(m/km)	可 能 原 因	调 整 措 施
左前轮				
右前轮				

六、反思评价

工 作 任 务	分 项 任 务
反思	请反思自己在学习过程和工作过程中的职业态度、专业能力和非专业能力，寻找改进的可能性
评价	采用自检、班组和检验员三级评价体系对检测任务进行评价，并记录相应评价结果

序 号	项 目	评 价		
		自 检	班 组	检 验 员
1	责任心			
2	独立性			
3	沟通能力			
4	诚信			
5	专业能力			
6	安全			
7	环保			
8	成本控制			
9	时间控制			
10	职业素质			
11	专业技能			
12	综合评价			

注：评价项请参考合格、一般、良好、优秀进行等级评定，并写出具体相关内容及原因

一、复习回顾

问题引导：

汽车总装车间的淋雨线是由哪些工位组成的？

汽车淋雨测试有哪些种类？

汽车淋雨检测有哪些步骤？

二、任务描述

淋雨检测是检测线的最后一个工位，只有进行淋雨测试达标后，才能进行 OK 线的检测。某员工在做检测时发现一款 EV200 车辆漏水，你作为企业员工，请根据教材所给信息并搜索相关资料熟悉淋雨测试的操作流程及规范。

三、任务分析

工 作 任 务	分 项 任 务
任务接受	结合教材内容及网上资源信息等完成工作任务
任务分解	电动汽车淋雨测试标准、要求及操作规范
任务实施	根据操作规程流程填写淋雨测试记录表

四、任务实施

1. 教材及企业淋雨检测指导书

2. 淋雨测试时降雨强度

受 雨 部 位	降雨强度/(mm/min)
前部	
侧面 后部 顶部	
底部	

3. 淋雨检测项目比较多，其中有前照灯、左后门、右前门、左前围、后尾灯右前围、后背门、右后门和左前门，请按照检查工艺完成下表的填写，并说明检验流程

检测顺序	检测项目	检 验 流 程
1		
2		
3		
4		
5		
6		
7		
8		
9		

五、任务交付

电动汽车淋雨检测数据如下表所列，请根据实际情况在相应的空格内打"√"。

检 查 部 位	渗	慢 滴	快 滴	流
风窗				
门窗				
顶盖				
驾驶员门				
乘客门				
行李箱				
前围				
后围				
侧围				
地板				

六、反思评价

工 作 任 务	分 项 任 务
反思	请反思自己在学习过程和工作过程中的职业态度、专业能力和非专业能力，寻找改进的可能性
评价	采用自检、班组和检验员三级评价体系对检测任务进行评价，并记录相应评价结果

序 号	项 目	评 价		
		自 检	班 组	检 验 员
1	责任心			
2	独立性			
3	沟通能力			
4	诚信			
5	专业能力			

（续）

序　号	项　目	评　价		
		自　检	班　组	检　验　员
6	安全			
7	环保			
8	成本控制			
9	时间控制			
10	职业素质			
11	专业技能			
12	综合评价			

注：评价项请参考合格、一般、良好、优秀进行等级评定，并写出具体相关内容及原因

（续）

一、复习回顾

问题引导：

汽车总装车间 OK 线的基本检查主要有哪些工位？

电动汽车总装车间 OK 线检查方法有哪些？

电动汽车总装车间 OK 线检测标准是什么？

二、任务描述

　　电动汽车总装车间的最后检测线是整车 OK 线的检测，总装车间员工发现一款 EV200 电动汽车的发动机舱盖内有漆面损坏，你作为企业员工，请根据教材所给信息并搜索相关资料完成以下工作任务：整车前机舱盖内检查；整车电器/功能项目检查；整车配备检查。

三、任务分析

工 作 任 务	分 项 任 务
任务接受	结合教材内容及网上资源信息等完成工作任务
任务分解	电动汽车 OK 线发动机舱盖内检查项目及标准，电动汽车 OK 线功能检查项目及标准，电动汽车 OK 线配备检查项目及标准
任务实施	根据教材完成检测并填写相应工单

四、任务实施

1. 相关检测工具及使用说明书

2. 电动汽车发动机舱盖检查工单

检 查 项		评 价 标 准	检 测 手 段	是 否 合 格
整体目视检查				
			目视	
制动液				
蓄电池		10～14V		
线束 \ 配管检查		有效锁止		

3. 电动汽车 10km 路试常规检查表

	检 查 项 目	检 查 情 况	是 否 合 格
上电检查			
	喇叭工作响亮		
	电动后视镜正常转动		
行车检查			
	真空泵无频繁启停现象		
	传动系统工作无异响、抖动		

4. 电动汽车 OK 线配备检查表

检 查 项 目		检 查 内 容	检 测 手 段	是 否 合 格	备　　注
铭牌及随车资料					
	资料信息与车辆				
随车工具					
其他检查					出租车
	禁止吸烟贴				
	座套				

五、任务交付

电动汽车 OK 线检测项目记录表：

检 测 项 目	是 否 合 格	记 录 情 况	人 员 签 字
基本检查			
发动机舱盖检查			
车辆功能检查			
配备检查			

六、反思评价

工 作 任 务	分 项 任 务
反思	请反思自己在学习过程和工作过程中的职业态度、专业能力和非专业能力，寻找改进的可能性
评价	采用自检、班组和检验员三级评价体系对检测任务进行评价，并记录相应评价结果

序 号	项 目	评 价		
		自 检	班 组	检 验 员
1	责任心			
2	独立性			
3	沟通能力			
4	诚信			
5	专业能力			
6	安全			
7	环保			
8	成本控制			
9	时间控制			
10	职业素质			
11	专业技能			
12	综合评价			

注：评价项请参考合格、一般、良好、优秀进行等级评定，并写出具体相关内容及原因

参 考 文 献

[1] 海争平. 汽车总装技术 [M]. 北京：机械工业出版社，2013.

[2] 郑德权. 汽车总装工艺 [M]. 北京：机械工业出版社，2012.

[3] 李秋艳，范家春. 汽车总装 [M]. 北京：机械工业出版社，2015.

[4] 吴为. 工业 4.0 与中国制造 2025 从入门到精通 [M]. 北京：清华大学出版社，2015.

[5] 徐梅宣，冯韬. 汽车生产中的 IT 技术 [M]. 北京：机械工业出版社，2015.

[6] 陈心赤. 汽车装配工艺编制与质量控制 [M]. 重庆：重庆大学出版社，2011.

[7] 卢圣春. 汽车装配与调整 [M]. 北京：北京理工大学出版社，2015.

[8] 高庆毓. 汽车装配工 [M]. 北京：机械工业出版社，2012.

[9] 陈婷，毕方英. 汽车生产现场管理 [M]. 北京：机械工业出版社，2014.

[10] 付主木. 电动汽车运用技术 [M]. 北京：机械工业出版社，2015.

[11] 陈全世. 先进电动汽车技术 [M]. 2 版. 北京：机械工业出版社，2013.

[12] 刘付金文. 汽车装配工艺 [M]. 北京：高等教育出版社，2015.

[13] 赵立军. 电动汽车测试与评价 [M]. 北京：北京大学出版社，2012.

[14] 韩玉霞. 汽车机电工职业培训教材·学习领域 10：汽车辅助系统的加装及汽车检测线 [M]. 北京：电子工业出版社，2011.